What is Love? a Flower Asked
Qué es el Amor? Preguntó la Flor

A Children's Bilingual Book
English / Spanish

Libro Bilingüe para niños
Inglés / Español

Dedicated to all the children who live in our heart.

Dedicado a todos los niños que viven en nuestro corazón.

I wrote this story to share the inner feelings I felt when I met and experienced a heartfelt connection with another person. My wish is to inspire others to find their secret place within and dare share those inner feelings with others.

Another goal of this book is to introduce children and adults to a second language. I also hope that this book will engage the family to personalize the book by pasting family photos together in the flower section at the back. As a child, and a former Montessori assistant I have observed how much children enjoy seeing photos of those dear to them.

Please Contact me, I would Love to hear your thoughts and how you felt as you read the story, bravely share your inner feelings.

This story is about the natural state of Love... What other feelings would you be interested in reading about? If you have a book inside you, and need help to self publish, let me know.

Should you find any errors or another translation that expresses my writings in another way. Give me your feedback.

Please email me, at: TerrysNovels@gmail.com

The art in this book was self rendered with colored pencils.
Arte en esta libro Fue Hecho con lápices de colores.

When the Sun peeks over the horizon
A lone Flower blooms
In a beautiful Mountain Valley.
When her small Petals open
For the first time,
She sees a marvelous sight...

Let us go find out what
The Flower will see and discover !

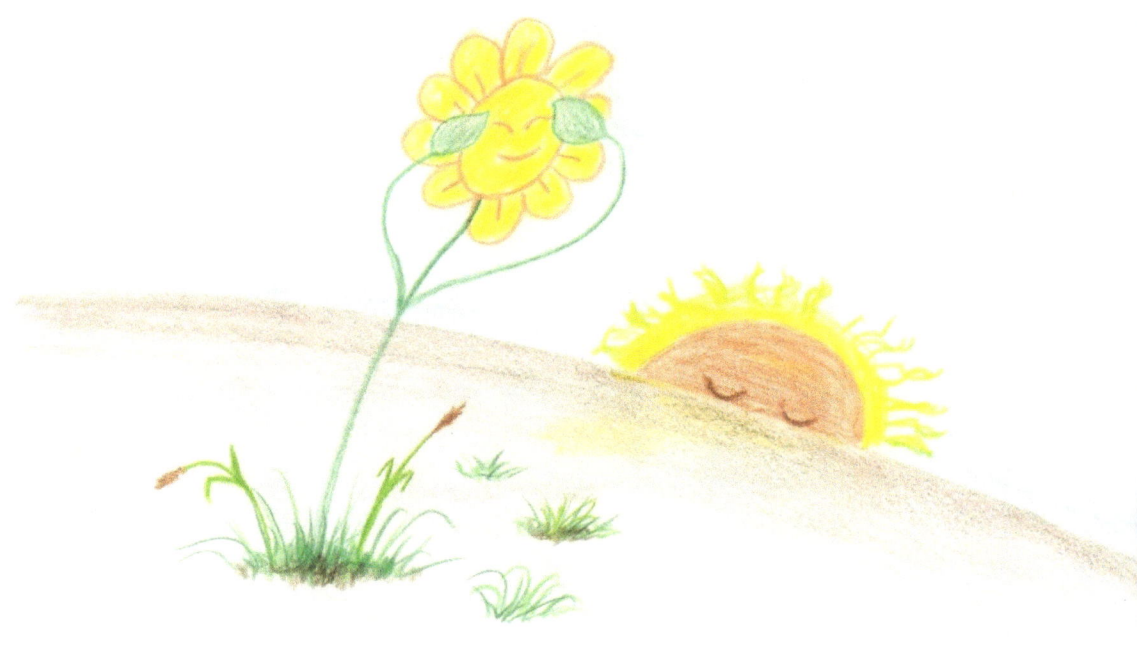

Cuando el Sol se eleva sobre el horizonte
Una Flor solitaria florece,
En un Valle de Montaña.
Cuando sus pequeños Pétalos se abren
Por primera vez,
Ella ve una vista maravillosa...

Vamos a ver lo que
La Flor verá y descubre !

The lone Flower awoke to the inviting rays of the morning sun.

La Flor solitaria se despertó a la invitación de los rayos del sol por la mañana.

When sun's warm rays touched the Flower.
Cuando los rayos calientes tocaron la flor.

The Flower looked at the sun and asked,
La Flor miró al sol y preguntó,

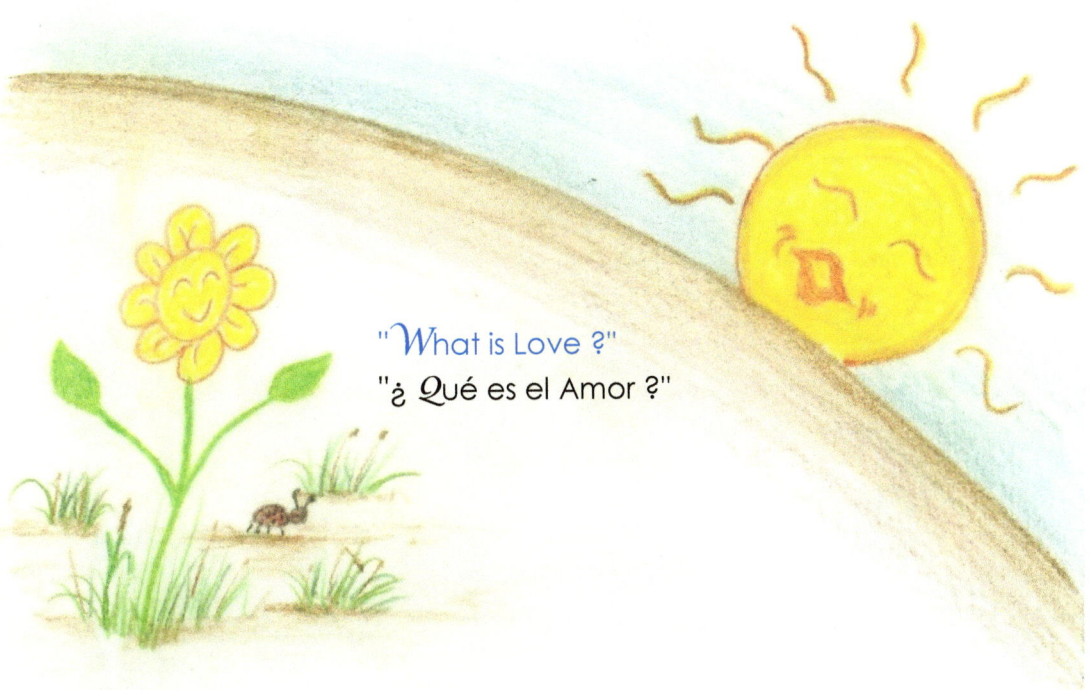

"What is Love ?"
"¿ Qué es el Amor ?"

The sun happily replied, "I am Love, for I am the Light."
Contesto felizmente el sol, "Yo soy el Amor, porque yo soy la Luz".

The Flower followed the sun until sunset and then fell asleep.
La Flor siguió al sol hasta su puesta y luego se fue a dormir.

When the full moon rose in the night sky,

Cuando la luna llena se levantó en el cielo de noche,

The Flower woke up.

La Flor se despertó.

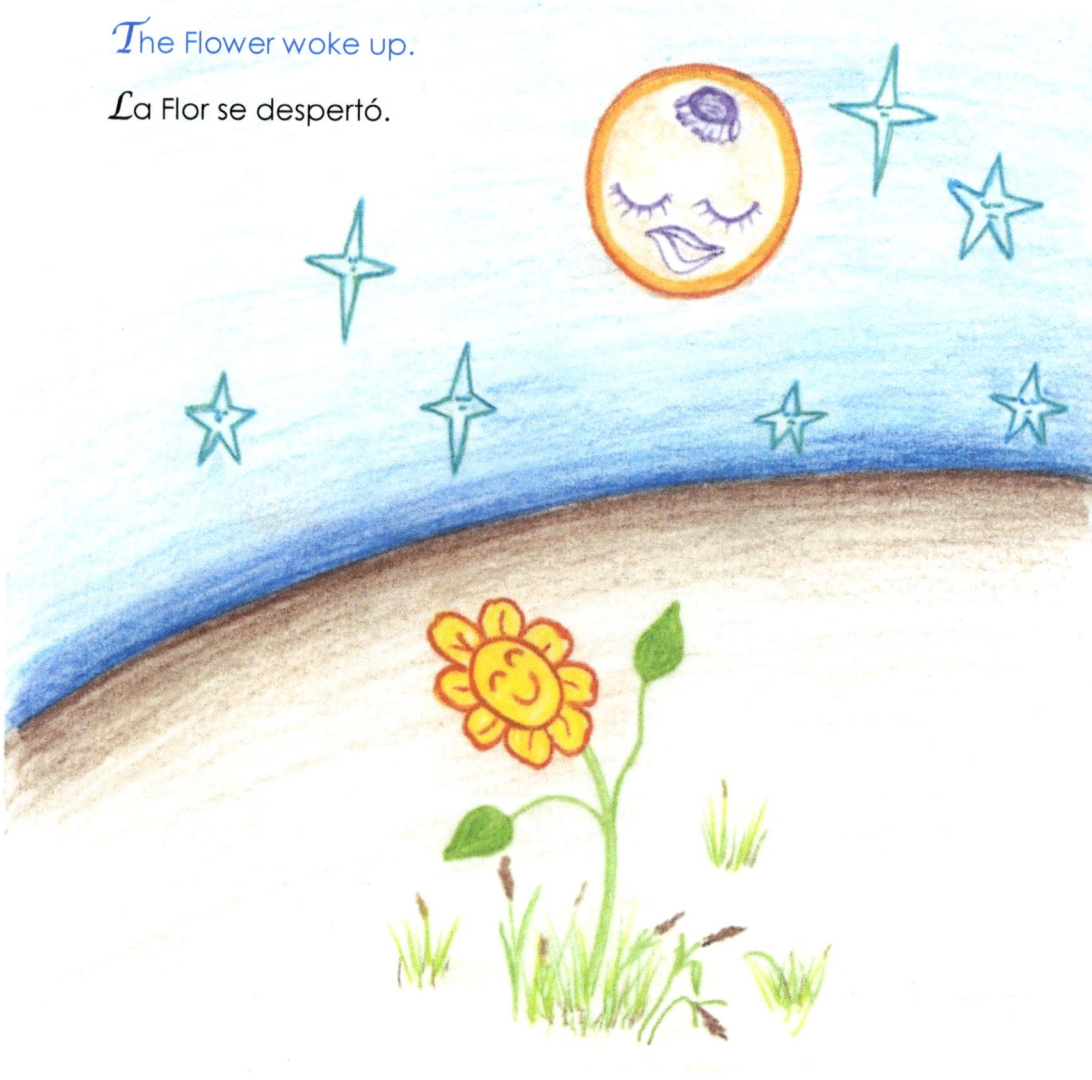

"Moon, what is Love?" the Flower asked.

"Luna, ¿ qué es el Amor ?" la Flor le preguntó.

"I am Love. I reflect the Light," the moon replied.

"Yo soy el Amor. Yo reflejo la Luz", dijo la luna.

When the moon was gone, all the stars shone so bright,

Cuando la luna se había ido, todas las estrellas brillaron muy relucientes.

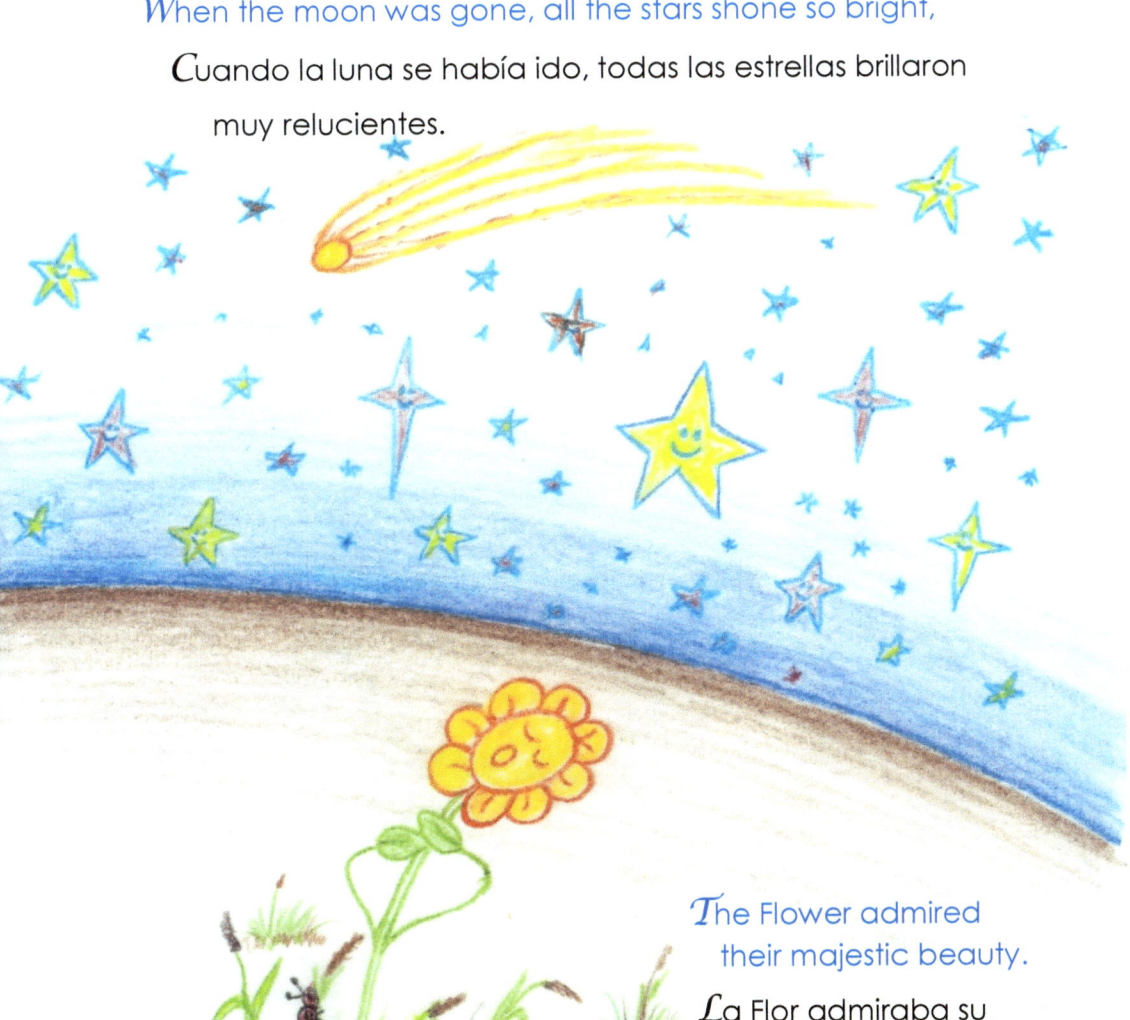

The Flower admired their majestic beauty.

La Flor admiraba su majestuosa belleza.

"Stars, can you tell me, what is Love ?"

"Estrellas, ¿ pueden decirme, qué es el Amor ?"

The billions of stars replied together,

Las millones de estrellas le contestaron:

"We are all Love. We Light up the universe."

"Todas somos el Amor. Nosotras iluminamos al universo."

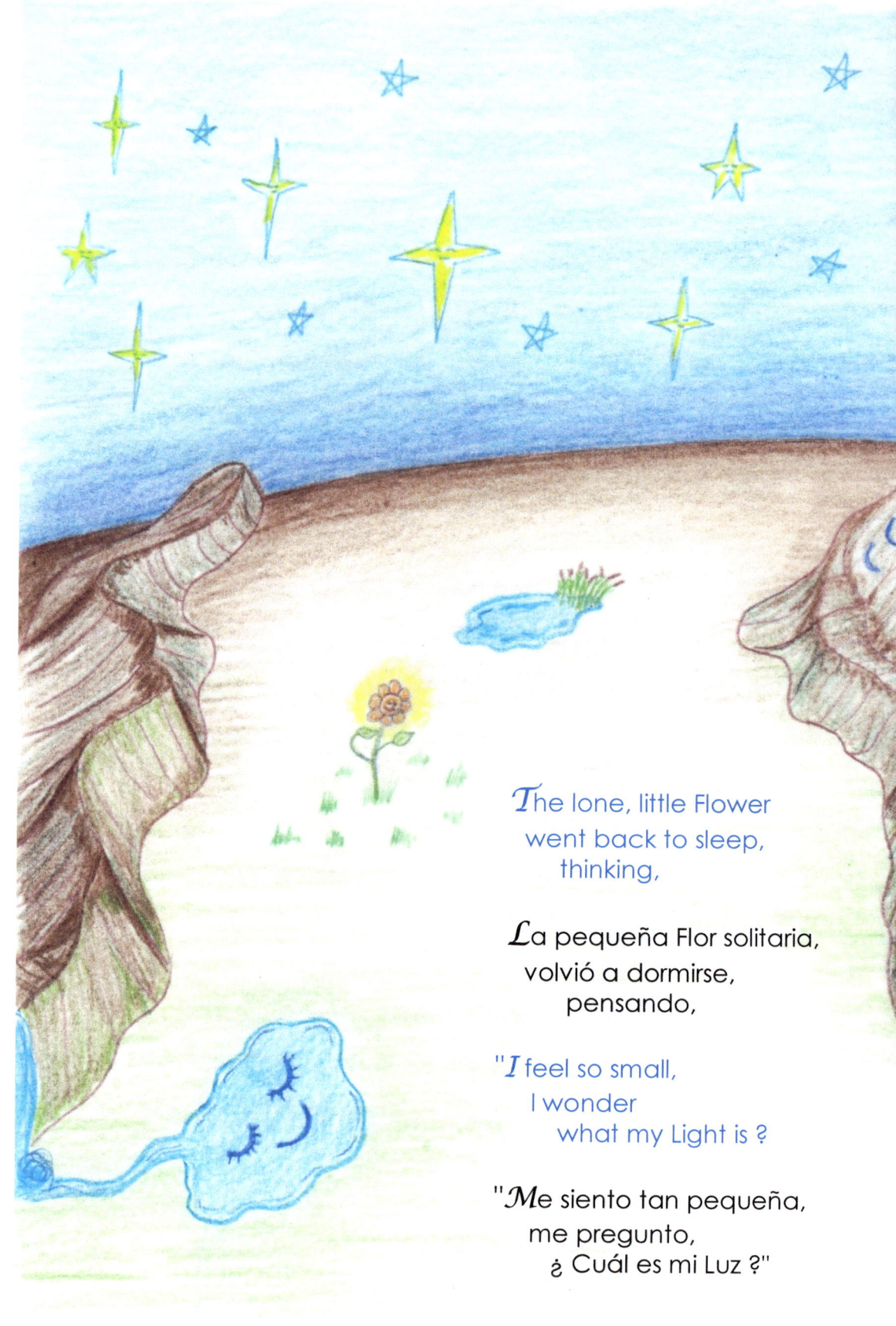

The lone, little Flower
went back to sleep,
thinking,

La pequeña Flor solitaria,
volvió a dormirse,
pensando,

"I feel so small,
I wonder
what my Light is ?

"Me siento tan pequeña,
me pregunto,
¿ Cuál es mi Luz ?"

With the sun high in the sky, the Flower overslept.

El sol estaba alto en el cielo, la Flor no se despertó.

A happy Bee landed on her and tickled her,

Una Abeja feliz aterrizó en ella y le hizo cosquillas,

"Wake up !

Wake up !

You are so beautiful,
I came to see you."

"¡ Despiértate. !

¡ Despiértate !

Eres tan hermosa,
vine a verte."

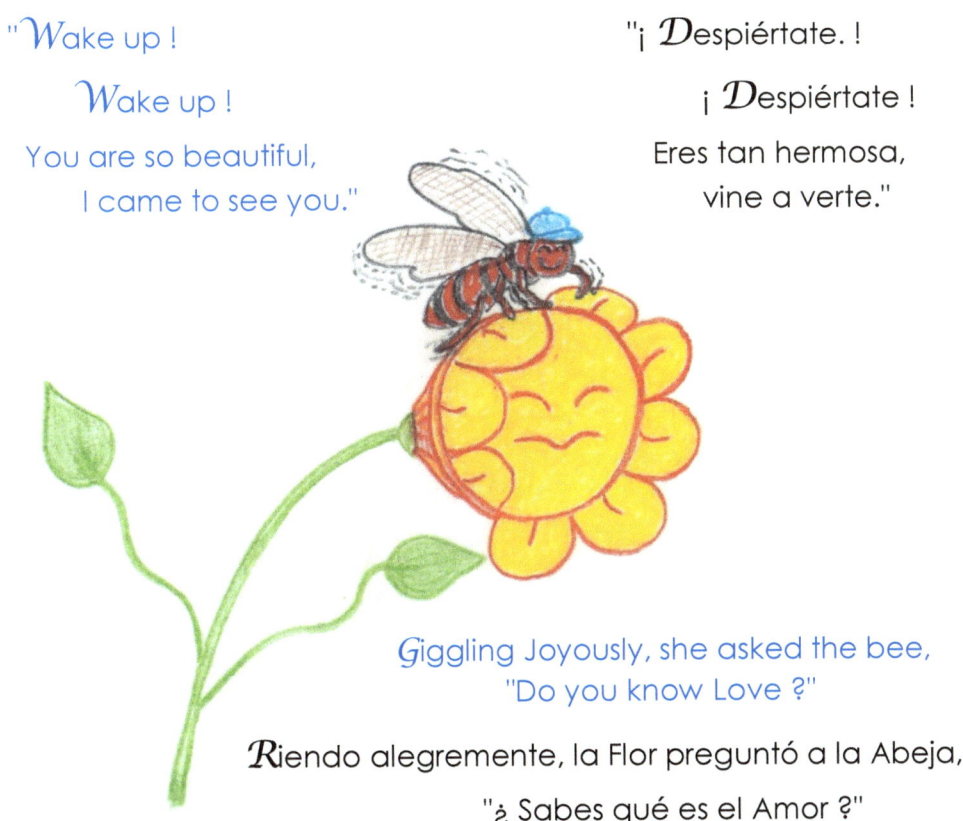

Giggling Joyously, she asked the bee,
"Do you know Love ?"

Riendo alegremente, la Flor preguntó a la Abeja,

"¿ Sabes qué es el Amor ?"

"You are Love, your colors Light up my way,

"Tú eres el Amor, tus colores iluminan mi camino,

I will happily come tickle you every day."

Con placer, voy a venir y hacerte cosquillas todos los días."

The Flower laughed and let the happy Bee tickle her.

La Flor reía y dejó que la Abeja feliz hiciera cosquillas a ella.

The days passed and another Flower grew beside her.

Los días pasaron y otra Flor creció a su lado.

When the new Flower's Heart opened,

Cuando el Corazón de la Flor nueva se abrió.

He asked the pretty Flower, "What is Love ?"

El preguntó a la Flor hermosa, "¿ Qué es el Amor ?"

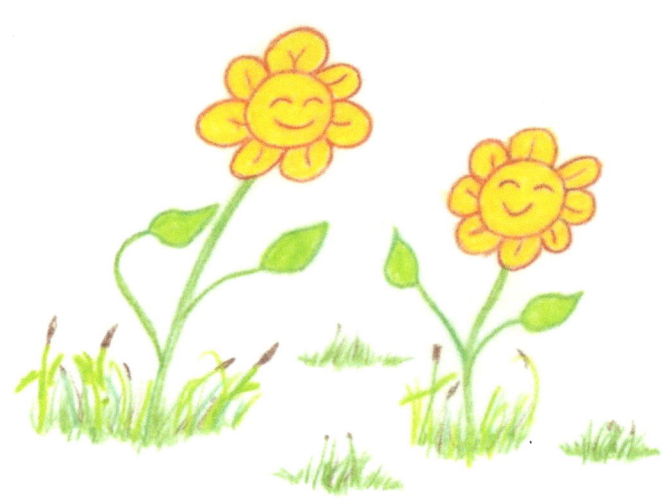

With an understanding glow in her eyes,

Con un brillo comprensivo en sus ojos

She replied smiling, "You are Love... you are so beautiful,

Ella le respondió, sonriente, "Tú eres el Amor. Eres tan hermoso,

You bring Light and Warmth to my Heart."

Porque tu traes Luz y Calor a mi Corazón".

They bloomed together watching the sun go by.
Ellos florecieron juntos viendo pasar el sol.

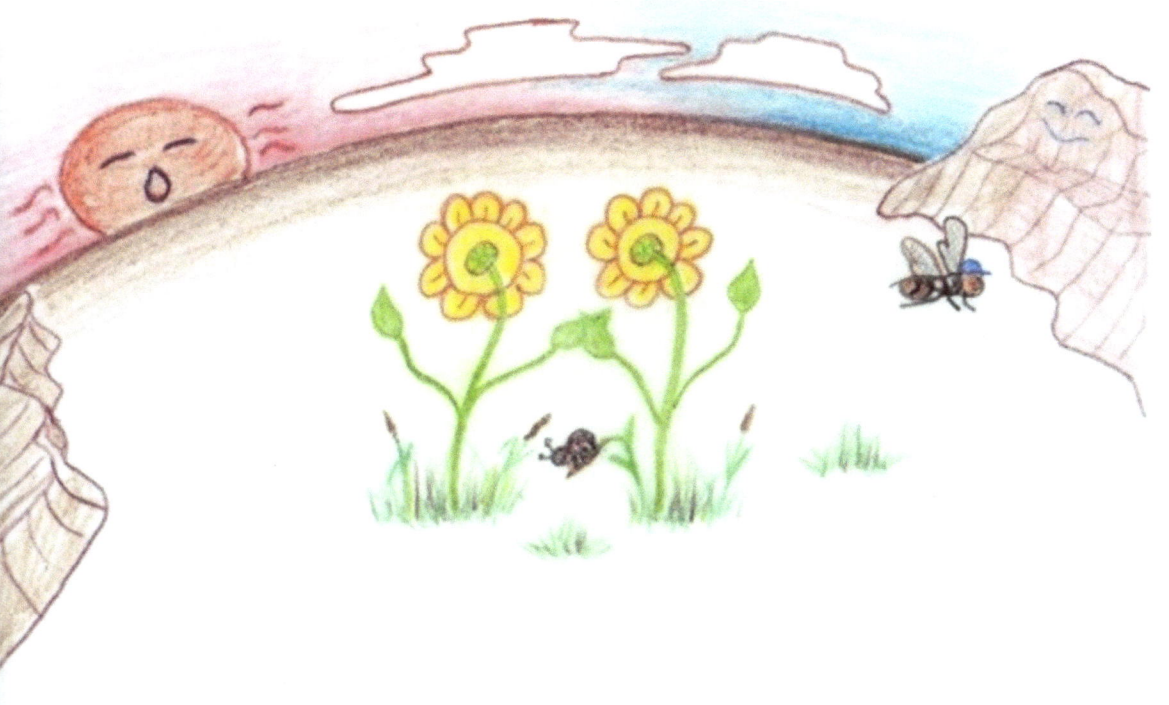

They were beautiful every day,
By the Grace of their divine Light.

Ellos eran bellos todos los días,
Porque esa es su Luz divina.

They were radiant…
Even if no one ever sees them.

Para ser radiante…
Aunque nunca nadie los vea.

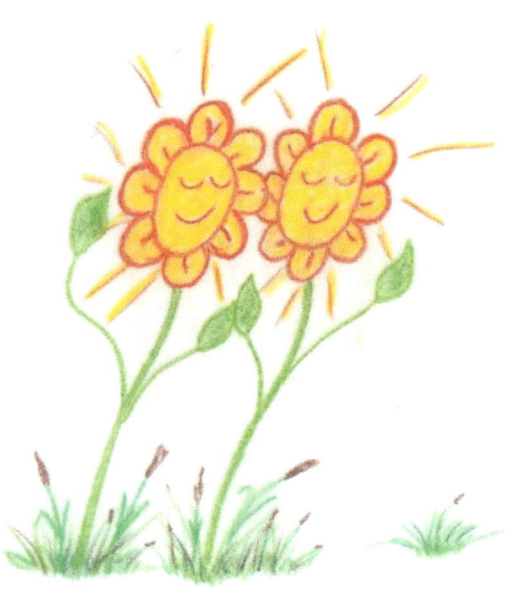

"*We cannot move, can we ?*" the He-Flower asked,
"No podemos movernos, ¿ podemos ?" El-Flor preguntó,

"*Let us wait and see.*" the She-Flower replied.
"Vamos a esperar y ver." La-Flor le respondió.

A man and woman walking by… stopped.

Un hombre y una mujer que pasaban… pararon.

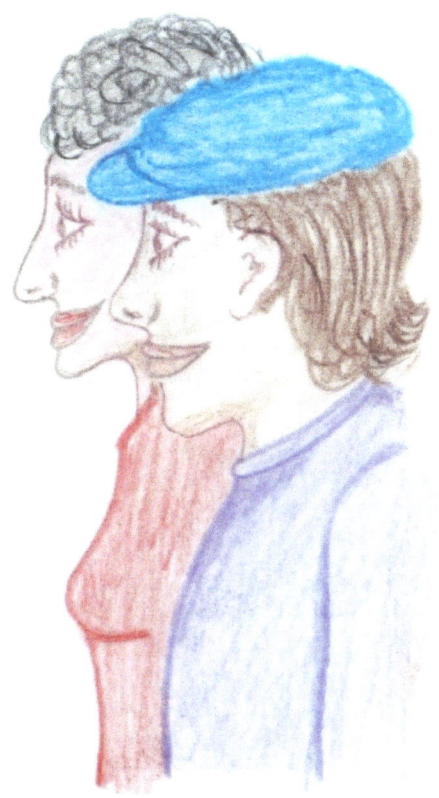

They both admired the delicate Flowers
And began to smile.

Ambos admiraron las flores delicadas
Y empezaron a sonreír.

The She-Flower said, "See those two, staring at us.

La Flor niña dijo, "Ve a los dos, mirandonos

See the cheerful, sparkling Light dancing in their eyes.

Ve la Luz alegre y brillante que baila en sus ojos. "

The happy couple
continued their
walk together
arm in arm.

La pareja feliz
continuó su
paseo juntos
con los brazos
enlazados.

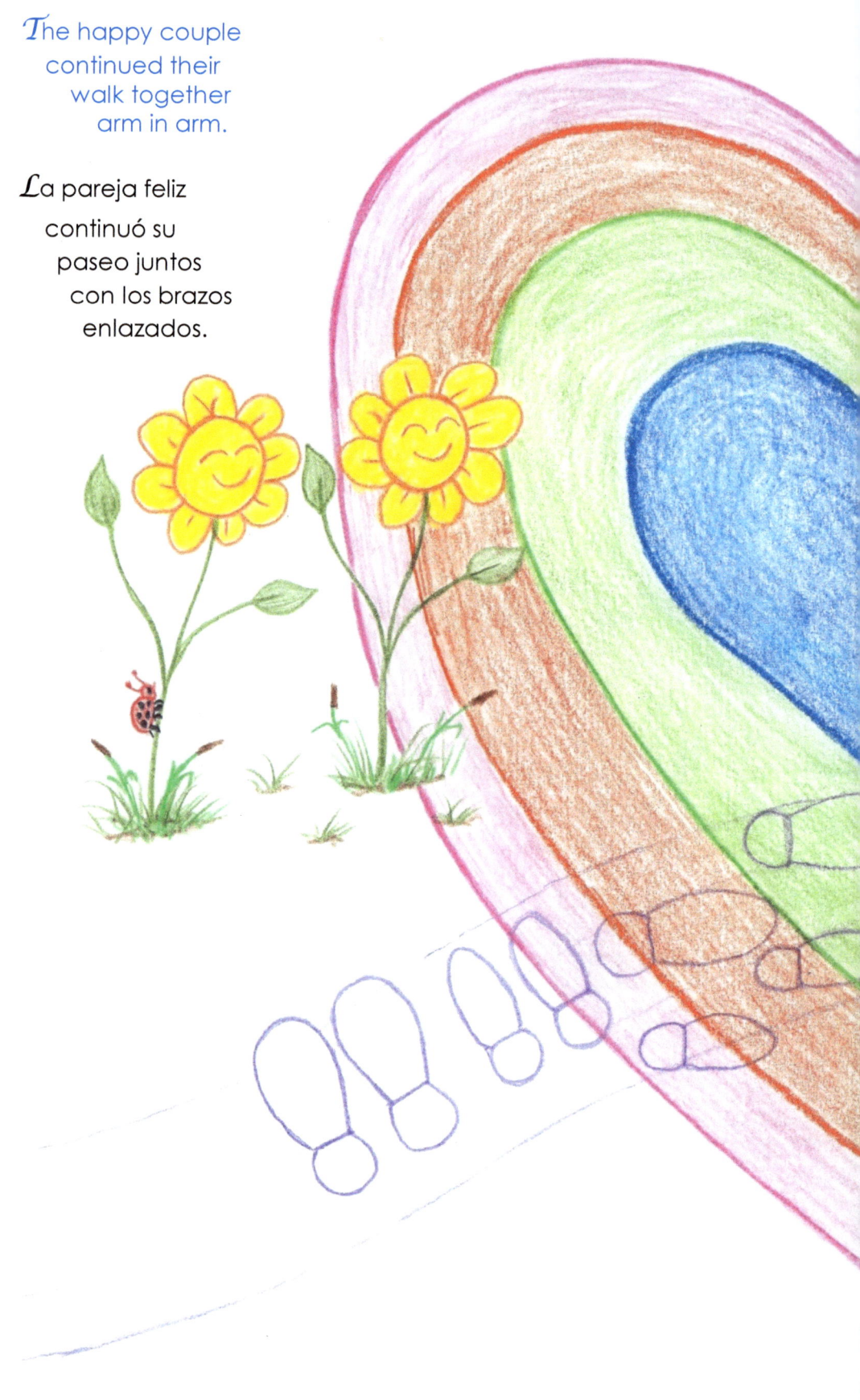

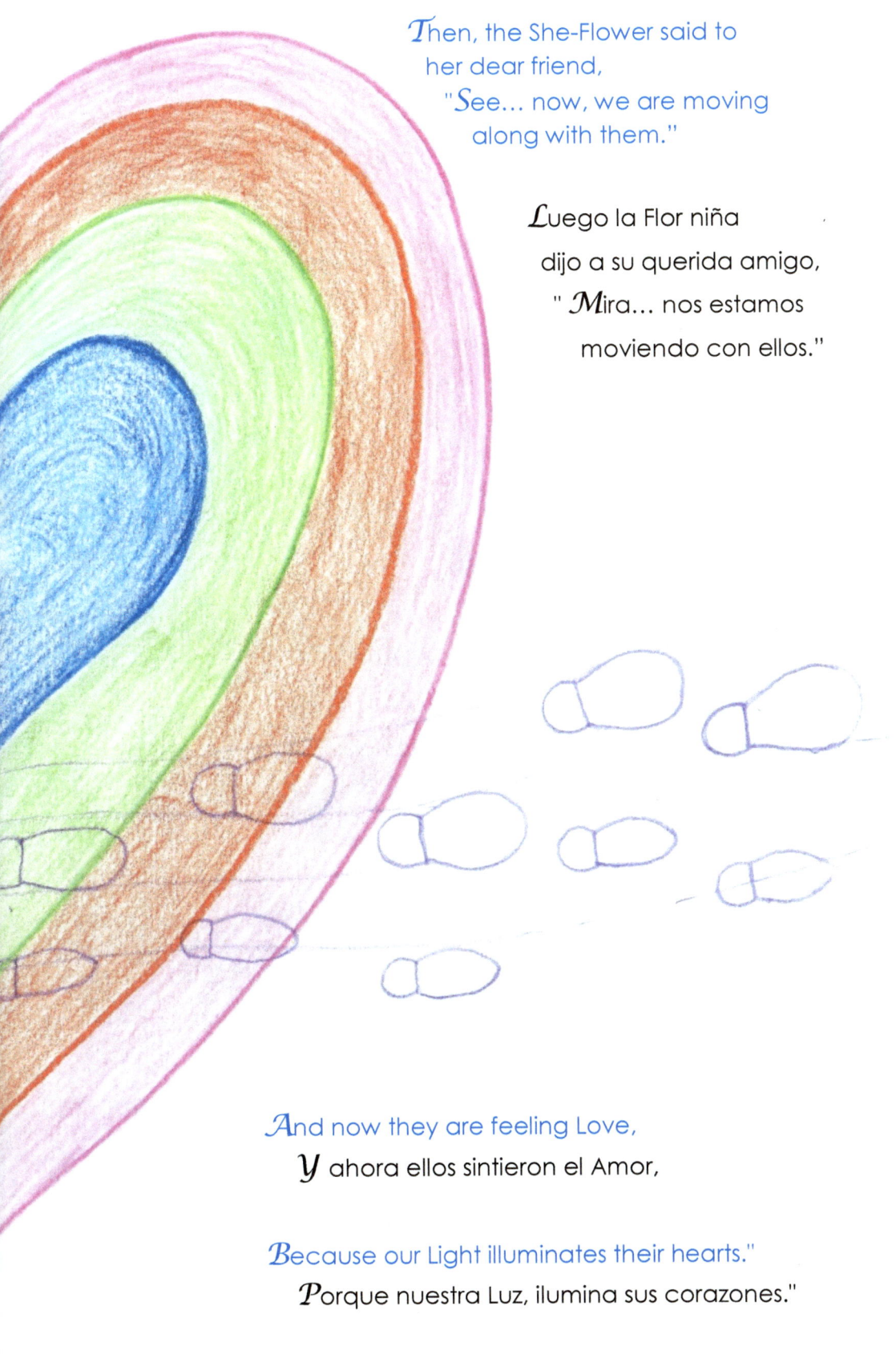

Then, the She-Flower said to
her dear friend,
"See... now, we are moving
along with them."

Luego la Flor niña
dijo a su querida amigo,
"Mira... nos estamos
moviendo con ellos."

And now they are feeling Love,
Y ahora ellos sintieron el Amor,

Because our Light illuminates their hearts."
Porque nuestra Luz, ilumina sus corazones."

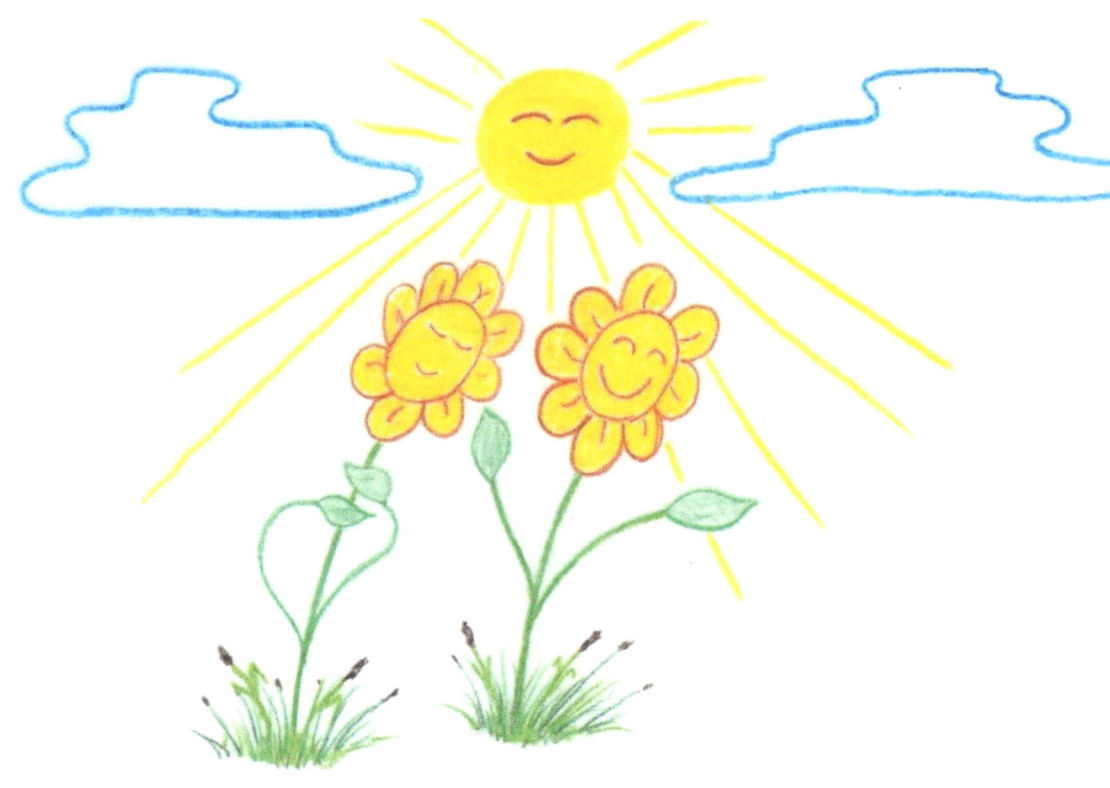

Each day
the two Flowers
continued to
bloom
side by side,

Cada día,
las dos Flores
florecieron
una al lado
del otra,

And one day, he suddenly saw her... "wow !"
Y un día, el de repente la vio ... "! caray !"

"You are Love my dearest,
"Eres el amor mi querida,

For I feel your warm Light within my Heart."
Porque siento tu Luz caliente en mi Corazón ".

The He-Flower smiled and tickled her with his petals.
El-Flor sonrió e hizo cosquillas a su Amada con sus pétalos.

"*I* Love you," the He-Flower said.

"*Te* Amo", dijo El-Flor.

"*I* know," she replied with a glowing smile,

"*Yo* sé", ella dijo con una sonrisa brillante,

*W*ith joy, their petals opened wide.

*C*on alegría, sus pétalos se abrieron.

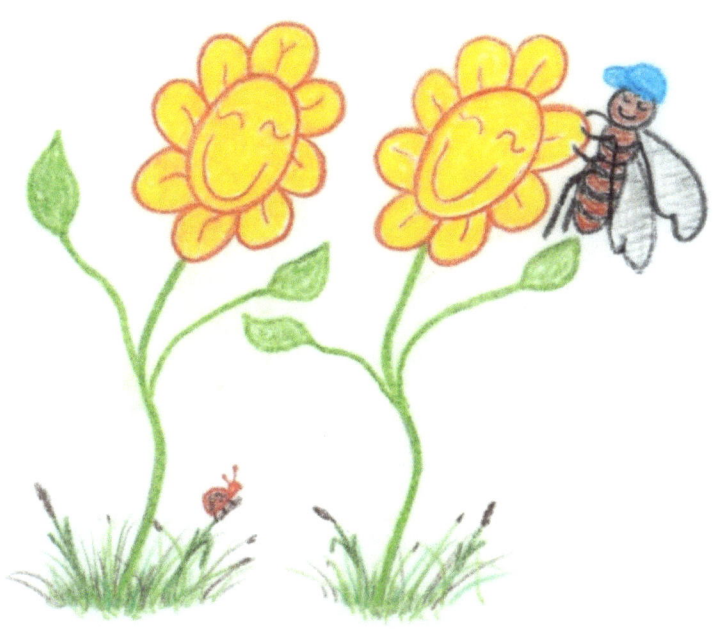

*E*very day, the kind, busy Bumble-Bee came by,

*C*ada día, la amable, ocupada Abeja vino,

*T*o tickle them, until they laughed heartily.

A hacer cosquillas a ellos, hasta que se reían de corazón.

The two flowers loved each other so much,
Las dos flores se amaban tanto,

That flowers began blooming everywhere.
Que las flores comenzaron a florecer en todas partes.

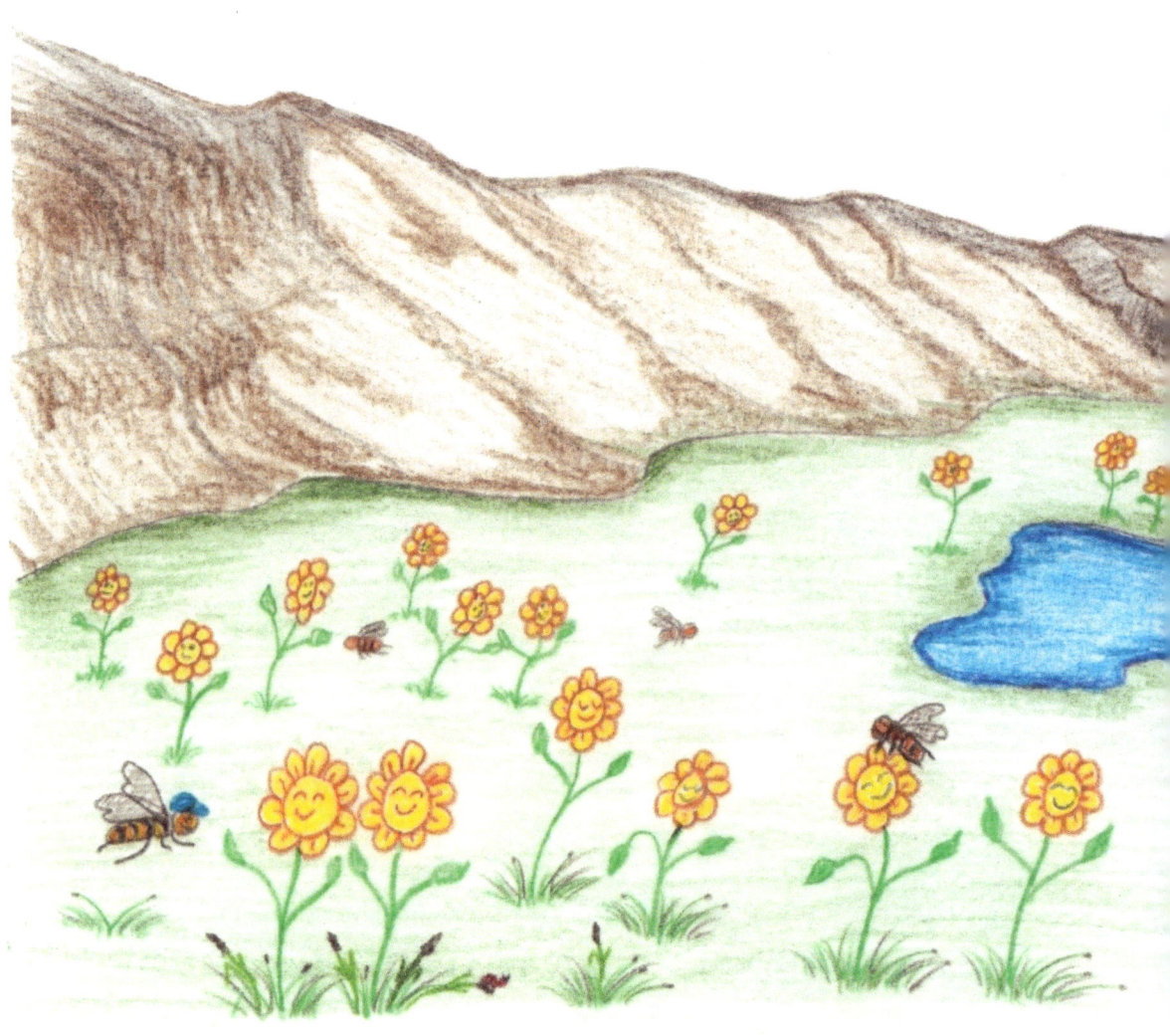

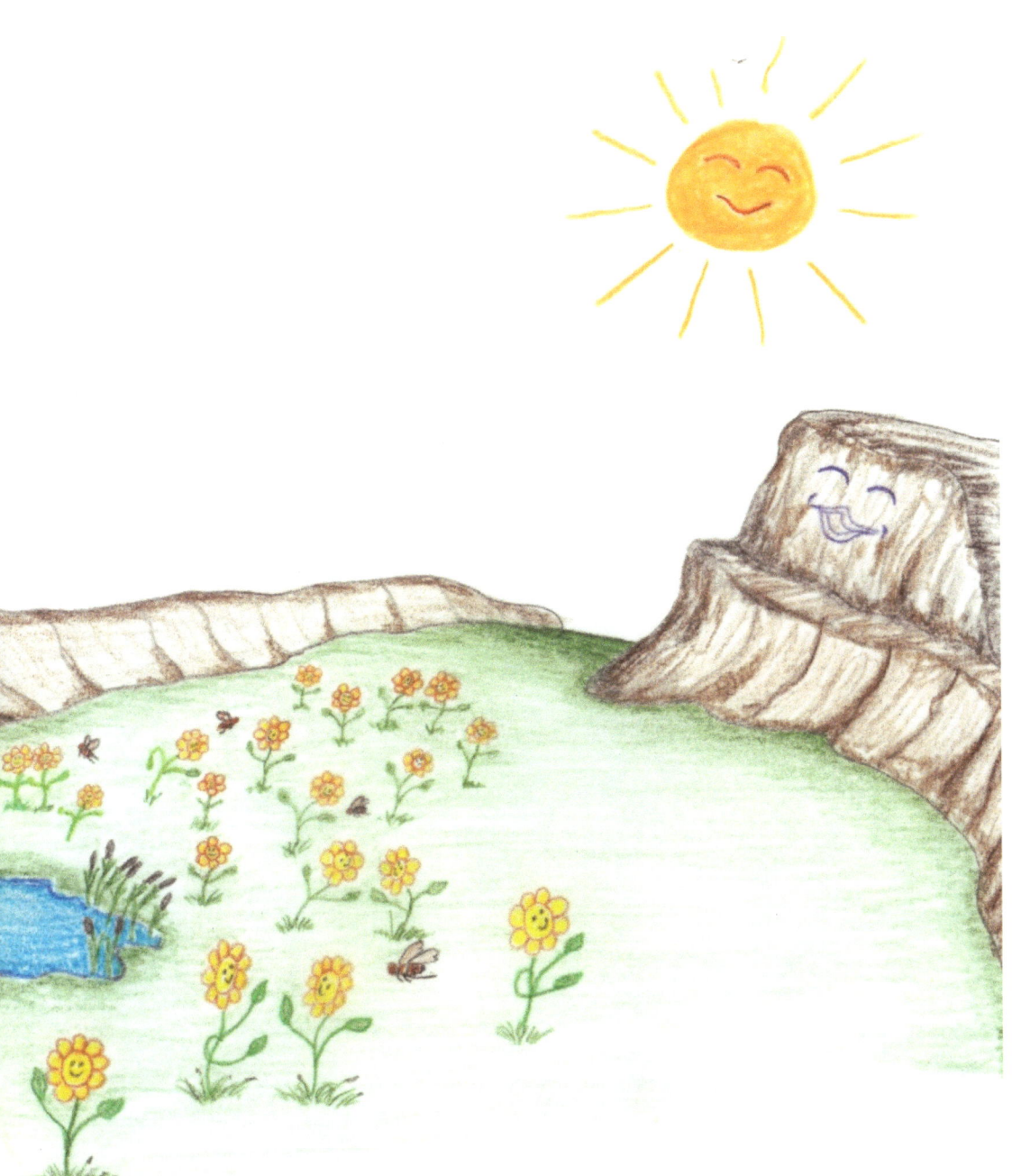

Attracted by the vibrant colours,
    more busy bees arrived.

Atraídos por los vibrantes colores,
    más abejas laboriosas llegaron.

Bright, yellow flowers soon lit up the whole Valley.

Brillante, flores amarillas iluminaron todo el valle.

One day the Mountain asked the Valley,

Un día la Montaña preguntó al Valle,

"Valley, where did all this Love come from ?"

"Valle, ¿ de donde viene todo este Amor ?"

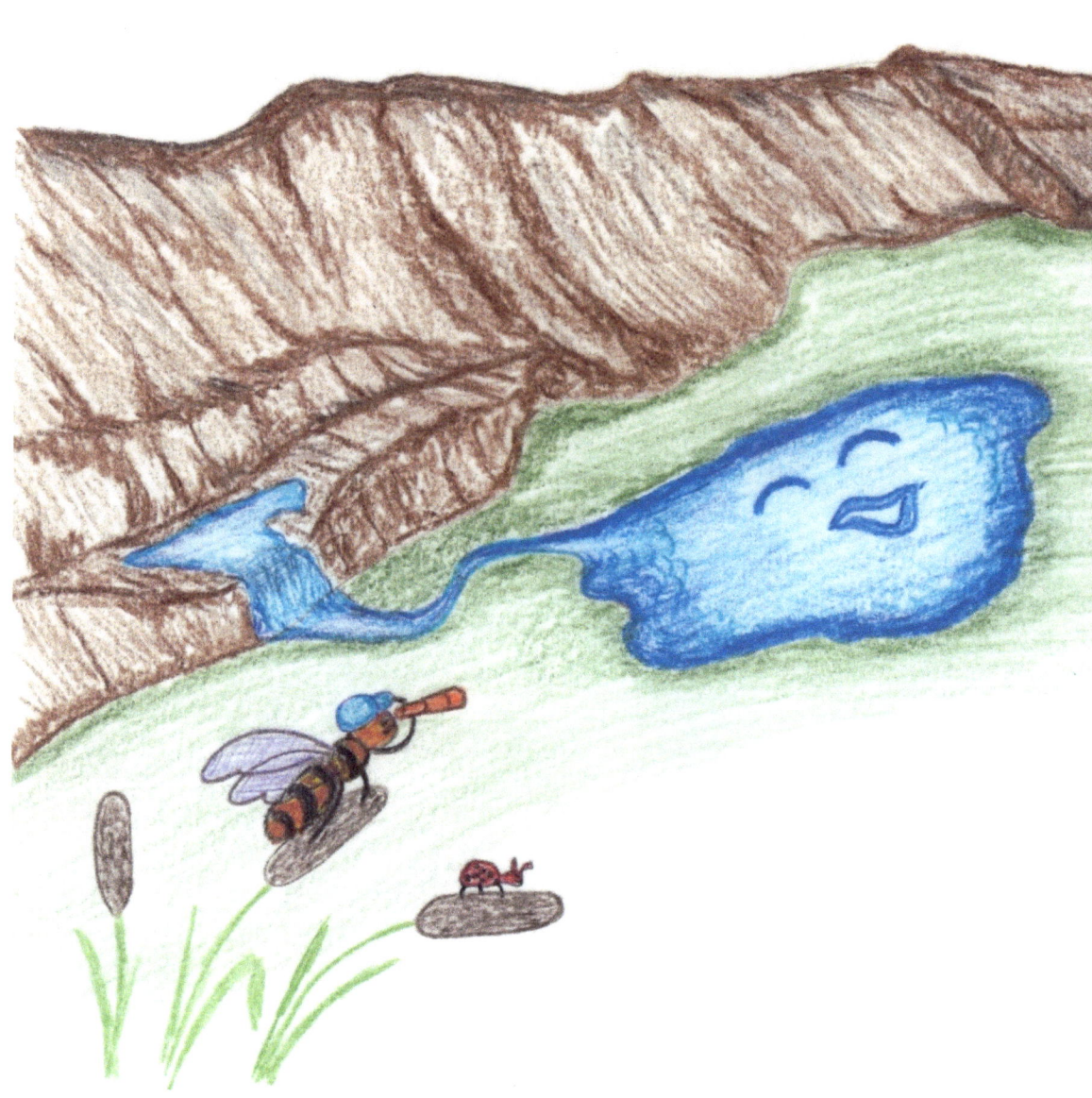

The Valley filled with a sea of lovely flowers,
Eagerly replied,

"Not so long ago,
A small, lone Flower
Found the Light in her heart
Was the joy she felt
When she allowed the beauty of Love and Light
To flow through her."

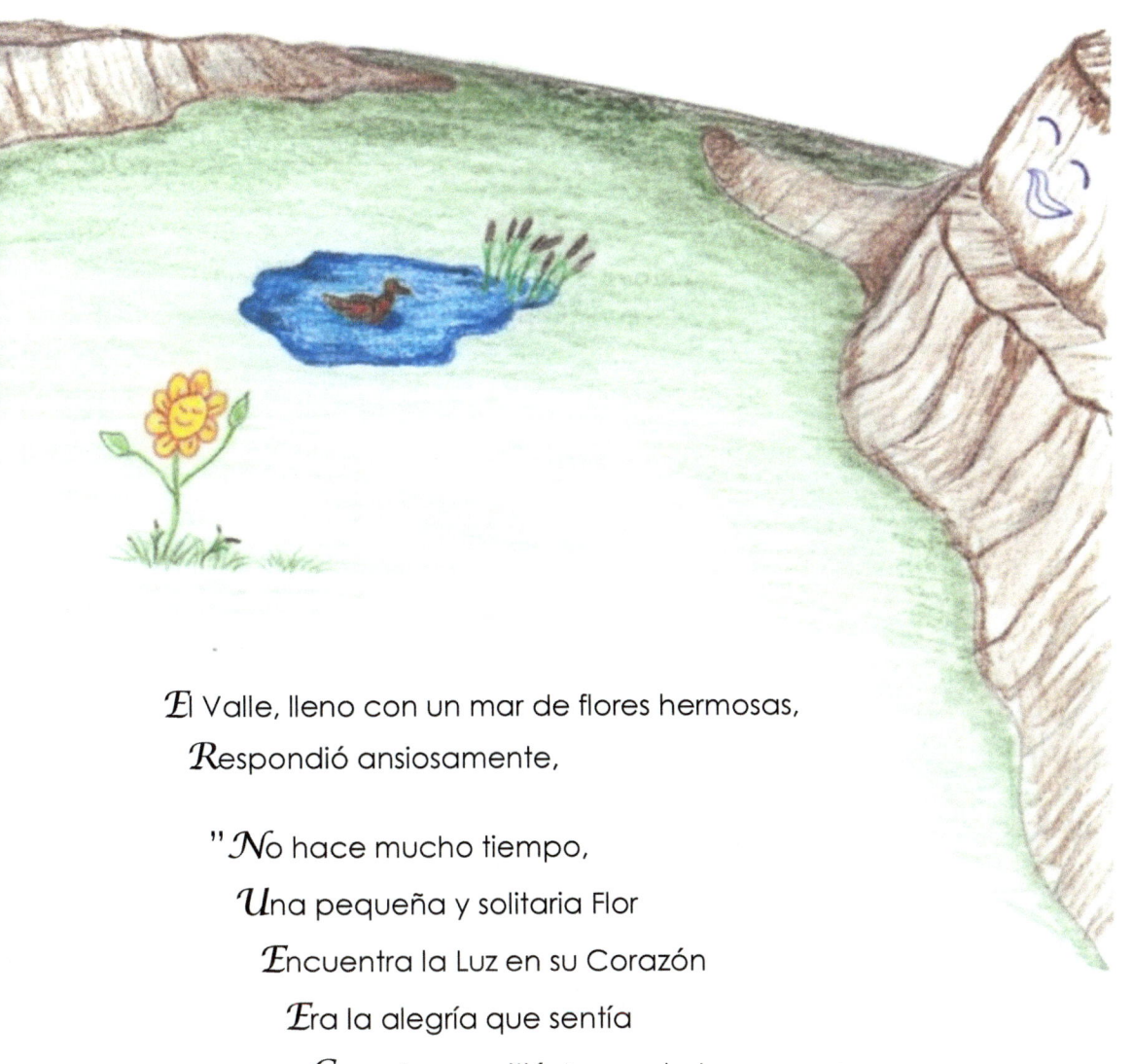

El Valle, lleno con un mar de flores hermosas,
Respondió ansiosamente,

"No hace mucho tiempo,
Una pequeña y solitaria Flor
Encuentra la Luz en su Corazón
Era la alegría que sentía
Cuando permitió Amor y la Luz
Fluir a través de ella."

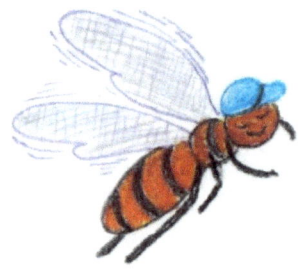

*D*iscover and share your Inner Light

*W*ith someone,

*N*o matter how small you are.

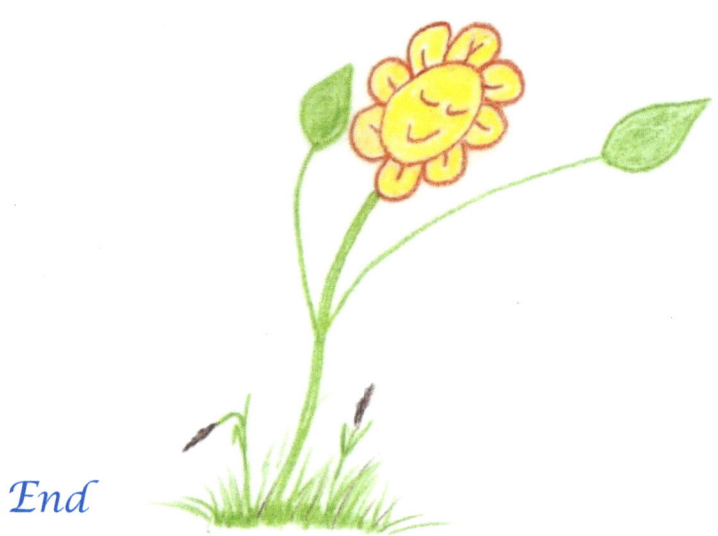

End

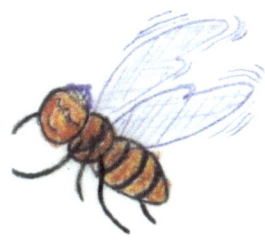

Descubre y comparte tu Luz interna

Con alguien,

No importa lo pequeño que eres.

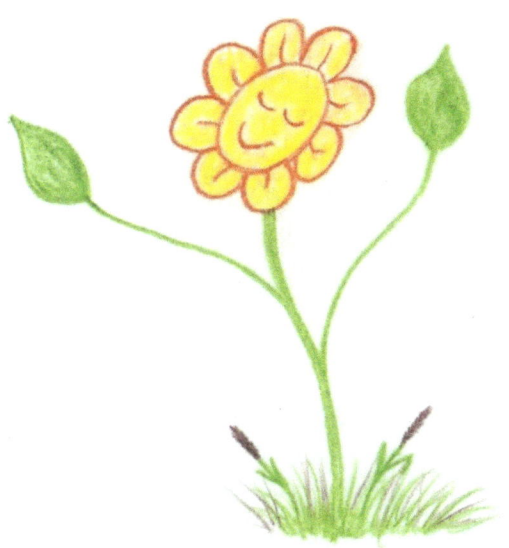

Fin

You are a Shining

Eres una Flor Brillante

Colorear los pétalos de flores con sus lápices
de colores favoritos.

Glue the photos of your family
And your friends here.

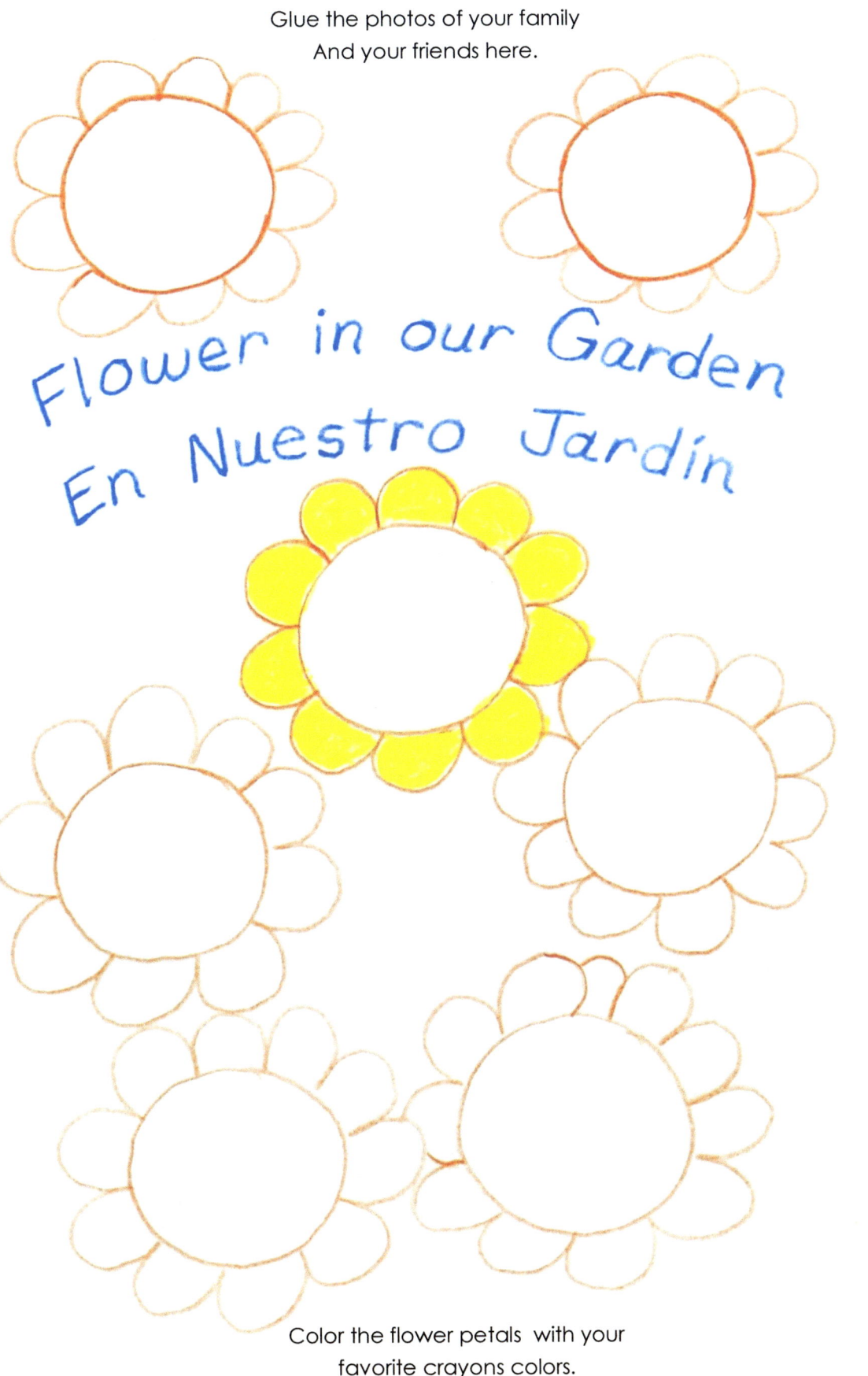

Flower in our Garden
En Nuestro Jardín

Color the flower petals with your
favorite crayons colors.

Dedication

To my darling wife, Patricia, whose depth of Love and
expanded mind, inspired the publishing of this story...
Thank you Patricia for all your support and ideas.
I Love you & us so very much.

To Teresa, who was there
when the first sketches appeared, thanks for motivating me
to create the colored drawings myself.

To Raymond, my good friend,
who read it to his children when it was only words,
Thanks Raymond !

To Themis, who did the first Spanish Translation,
and all the people who helped
translate my feelings and thoughts correctly
into the Spanish language, I am grateful.
A special thank you to
Rosa Maria C. and Lourdes C. (LuLu).

Dedicación

A mi querida esposa, Patricia, cuya profundidad del amor
y de la mente expandida, inspiró a la publicación de esta historia ...
gracias Patricia por todo tu apoyo e ideas.
Te amo a ti y a nosotros bien mucho.

A Teresa, que estaba allí cuando los primeros bocetos aparecieron.
Gracias por motivarme para crear
los dibujos coloreados a mí mismo.

A Raymond, mi buen amigo, que la leyó a sus hijos
cuando era sólo palabras,
Gracias Raymond !

A Themis, que hizo la primera traducción en español,
y a todas las personas que ayudaron
a traducir mis sentimientos y pensamientos correctamente
en el idioma español,
estoy agradecido.
Un agradecimiento especial a
Rosa María C. y Lourdes C. (LuLu)

What is Love, A Flower asked.
Qué es el Amor, Preguntó la Flor.

This is Bilingual Book #2
with the GREEN border on the book cover.
The English & Spanish Version.

Esto es libro bilingüe # 2
con el esquema VERDE en la cubierta del libro.
La versión en Inglés y Español

Also Look For Book #1
Ver También Libro #1

What is Love, A Flower asked.
C'est quoi L'Amour, Demanda une fleur.

The Bilingual Book #1
with the BLUE border on the book cover.
The English & French Version.

El Libro Bilingüe #1
con el esquema AZUL en la cubierta del libro.
La versión en Inglés y Francés

What is Love?
A Flower asked

*Dedicated to all the children
who live in our heart.*

Written and illustrated by Terry Earl Durocher
Through the inspiration of Love.

Love can arrive
into your heart at any moment,
and when it does,
if you listen attentively
you will hear beautiful words and
wonderful thoughts inside yourself
that describe this incredible feeling.

This story is born from the beautiful words
I heard when I met a woman
who arrived into my life and into my heart…
In there…
I was inspired to write this heart-felt story.

It is exciting to sense all the wonderful feelings
that can flow through us,
once we open our hearts to others.

###

¿ Qué es el Amor ?
La Flor preguntó,

Dedicado a todos los niños
que viven en nuestro corazón.

Escrito e ilustrado por Terry Durocher
de la inspiración del Amor.

El amor puede llegar
a tu corazón en cualquier momento,
y cuando lo hace,
Si escuchas atentamente
Usted escuchará palabras hermosas y
pensamientos maravillosas dentro de ti
describen esta sensación increíble.

Esta historia es de las hermosas palabras que escuché
Cuando conocí a una mujer especial
que llegó a mi vida y en mi corazón.
Me inspiré para escribir esta historia sentidas.

Es emocionante sentir todas las sensaciones maravillosas
puede fluir a través de nosotros,
Cuando abrimos nuestros corazones a otras personas.

###

Autobiography

I have a background in industrial design with CAD; it was like artistic drawing except drawing in 3D. This field is very technical and precise. Artistic drawing is free of restrictions and perfection, therefore it allows me to let go and simply draw that which flows thru me.

Unknown to myself, I have been an Artist most of my life, as I was always drawing, doodling, molding shapes with plasticine, and coloring. As a child, I liked to color with wax crayons; I remember getting colored pencils, wow that was a special medium for the more mature me. All these mediums gave me a way of expressing and sharing a part of myself... Art.

When I was young and away on vacation, I recall writing long letters, like eight pages, describing in detail my surroundings and experiences in a humoristic way to my family and friends. In primary school, I was asked to create large action drawings for the winter holidays, those were masterpieces to me; it was fun creating from my imagination.

Today I have decided to launch myself into the world of writing, illustrating and publishing. I must say, I am very excited and enthusiastic to be on this intimidating adventure; to write, draw and the challenge of publishing my own books. When I write the time seems to flow so smoothly and quietly, the world vanishes and most important, inside I am always smiling. Many times I will laugh heartily when the next line of thoughts appear on the page.

Thank you for looking at my words and pictures, for I wish they take you to the many places of fantasy and joy within your own inner self.

Love and success to everyone, Terry D.

Autobiografía

Tengo antecedentes en diseño industrial; es como dibujo artístico pero dibujando en 3D. Esta carrera as muy técnica y preciso. Dibujo artístico es libre de restricciones y perfección, por lo tanto me permite que dije ir y simplemente dibujar lo que fluye a través de mi.

Sin saber, Yo eh sido una artista toda mi vida, siempre yo estaba dibujando garabatos y moldeaba formas con plastilina y coloreando. Cuando era niño, me gustaba colorear con crayones de cera; recuerdo que recibí lápices de colores, wow era un medio especial para él me maduro. Todos estos medios me dieron una forma de expresar y compartir una parte de mi mismo... el Arte.

Cuando yo era joven y lejos en vacaciones, recuerdo escribiendo largas cartas, como de ocho páginas, que describe en detalle lo que me rodea y experiencias de una manera humorística a mi familia y amigos. En la escuela primera, se me perdió para crear grande dibujos de acción para las vacaciones de invierno, esos eran obras maestras para mí; fu divertido creando de mi imaginación.

Hoy de decidido lanzarme al mundo de la escritura, ilustración y publicación. Debo decir que estoy muy emocionado y entusiasmado de estar en esta aventura intimidante; para escribir, dibujar y el reto de publicar mis propios libros. Cuando escribo el tiempo parece fluir de manera suave y silenciosa, el mundo desaparece y lo más importante, en el interior yo siempre estoy sonriendo. Muchas veces me reiré a carcajadas cuando la siguiente línea de pensamientos aparecen en la página.

Gracias por mirar mis palabras y imágenes, porque quiero que te lleven a muchos lugares de fantasía y alegría dentro de su interior.

El amor y el éxito a todos, Terry D.

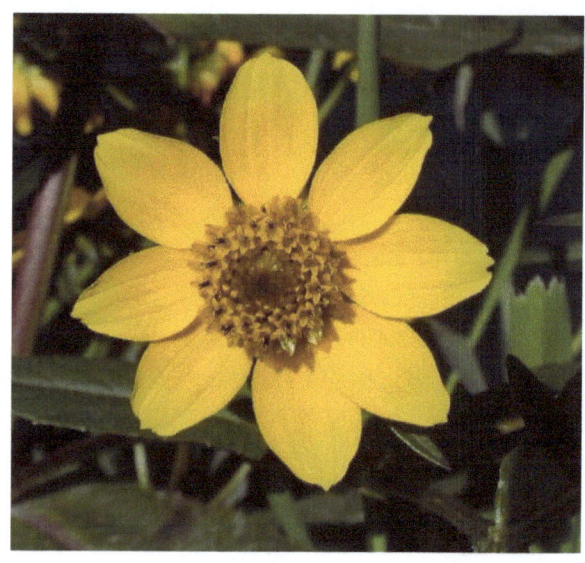

Nodding-Bur-Marigold

This is a flower of the fall season,
Called, Nodding-Bur-Marigold, (Bidens Cernua.)
It has a bright golden color like a sunflower.
It is a wetland plant, growing around the ponds
and near boardwalk areas.
This is an herbaceous plant native to North America.

Caléndula

Esta es una flor de la temporada de otoño,
llamada Nodding-Bur-Marigold, (Bidens Cernua.)
Tiene un color brillante como un girasol.
Es una planta de humedal, creciendo alrededor de los
estanques y zonas cercas de áreas de paseo marítimo.
Se trata de une planta herbácea,
nativa de Norte América.

Thank you for reading and experiencing
my thoughts and feelings through my words.

Look for my upcoming Web Site
In 2016
SkateboardPublishing.com